AF586047

LE
BOURREAU
DE DOUAI.

DOUAI
Imprimerie Albert Duramou
— 1877 —

LE BOURREAU DE DOUAI.

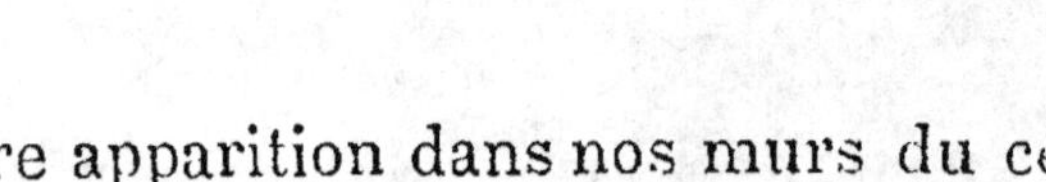

La sinistre apparition dans nos murs du célèbre M. Roch, le grand et unique exécuteur de France, donne un vernis d'actualité à certaines recherches d'un de nos érudits qui a bien voulu nous en communiquer le résultat.

L'office du bourreau ne remonte pas à Douai, au-delà du XVe siècle ; dans les premiers temps du moyen-âge, la juridiction civile, participant de la douceur qui caractérise la procédure ecclésiastique, appliquait très-rarement la peine de mort qui était remplacée par la prison, les amendes et le bannissement. Quand les légistes, armés du droit romain, vinreut implanter jusque dans nos Flandres, les pénalités rigoureuses, la torture et la peine capitale, il fallut établir dans les villes importantes un officier spécialement chargé de mettre à exécution les arrêts de la justice. A Lille, à Arras, à Valenciennes, il en existait dès le XIVe siècle : en 1392, on fit venir les deux premiers à Douai, pour pendre quelques criminels et on leur paya à cet effet, une indemnité de 11 livres et 13 sols. En 1437, pour une exécution difficile sans doute, les échevins s'adressèrent à leurs confrères d'Arras et de Tournay dans le but de leur emprunter des bourreaux expérimentés ; celui d'Arras n'ayant pas été trouvé chez lui, on manda Maître Jacques, « bourrel » de Valenciennes, que sa femme envoya quérir à Lille. Mais il arriva trop tard, son collègue d'Arras était arrivé et avait opéré sans lui, ce qui n'empêcha pas Maître Jacques d'être généreusement remboursé de ses frais et dépens.

Pour le dédommager d'ailleurs,on le fit revenir deux ans aprés, d'abord pour rependre un corps tombé des fourches patibulaires, puis pour procéder... comment dirons-nous ?... à l'ébullition d'un faux monnayeur.

Que les âmes sensibles ne lisent pas ce qui suit :

Un nommé Etienne le Nicaise, fourbisseur et coutelier, natif de Saint-Denis, près Mons en Hainaut, avait été convaincu par ses interrogatoires et ses aveux, d'avoir fabriqué de la fausse monnaie. Aux termes de la législation du temps il fut condamné à être bouilli vif ; vous avez bien lu, *bouilli vif*. En conséquence, le 4 février 1439, ou 1440 suivant notre manière de compter, on planta sur le marché au bled, place d'Armes actuelle, vis-à-vis la bretèque, quatre piquets en bois entre lesquels fut suspendu un vaste chaudron rempli d'eau. Dessous fut allumé un feu vif et dessus on établit un siége ou planchette. Ces préparatifs achevés, quand l'eau fut suffisamment chaude,on fit approcher le malheureux condamné, préalablement dépouillé de ses vêtements et le bourreau l'invita à s'asseoir. Mais à peine était-il placé que l'exécuteur par une vive secousse le précipitait dans le liquide bouillant. Alors se passa, suivant le récit authentique, une scène horrible dont le souvenir devait rester ineffaçable. L'infortuné qui était insuffisamment garrotté, parvint dans ses efforts désespérés à rompre ses liens « et se redrescha tous droix, dont che fu grand pitié, car il estoit à moytié ars (brûlé) et crya Jhesus-Christ, puis fu rebouté en l'eau bouillant par le bourel dont puis ne se releva point et là morut. » Croira-t-on qu'après ce cruel épisode les échevins, en compagnie du bailli et de ses gens, s'en allèrent tranquillement banqueter chez le concierge de l'Hôtel-de-Ville, tandis que dans une autre salle buvaient ensemble le bourreau, les wettes (gardes) et les archers.

Les rigueurs de la justice ne s'arrêtaient pas toujours aux vivants ; elles atteignaient les suicides, et faisaient expier au corps ici-bas le crime dont l'âme était allée rendre compte là-haut. En 1453, on voit la pendaison, non plus cette fois par le bourreau, mais par le « Roy des fillettes » et les wettes de nuit, du cadavre d'un nommé Nicaise le Baudart, qui s'était volontairement étranglé. Par respect pour les chrétiens morts dans le sein de l'Eglise, et à qui Dieu avait sans doute pardonné, on suspendait les suicides à d'autres fourches que celles réservées aux criminels ordinaires. De nos jours au contraire, on veut rendre des honneurs funèbres à ceux qui se déclarent étrangers à tout culte, et d'un autre côté, on ne veut pas admettre qu'un scélérat repentant, puisse entrer en Paradis, quoi qu'un seul bon mouvement y ait conduit tout droit le bon larron. Il est vrai que nous vivons en un temps de progrès et de civilisation !

Mais revenons à notre sujet : en 1459, les échevins de Douai qui avaient par trop souvent recours à la complaisance de leurs voisins, se décidèrent à prendre un exécuteur titulaire à résidence fixe et firent marché dans ce but avec un nommé Jehan Deleporte dit Pot-au-feu ; on lui assigna 36 livres de gages par an, ce qui représenterait à peu près 800 francs de nos jours. Outre ses appointements réguliers, Pot-au-feu et ses successeurs avaient le privilège exclusif de la vidange, d'où le titre qu'ils prenaient de maîtres des hautes et basses œuvres. Ils avaient en plus le droit de ramoner ou de faire ramoner les cheminées et celui de prélever dans les marchés la dîme des œufs et légumes exposés en vente ; dans ces conditions la nouvelle charge était assez lucrative et nombre d'amateurs se présentaient quand elle devenait vacante. Ce personnel, il est vrai, devait bien laisser à désirer, car en 1470, Robert Deleporte qui avait remplacé son frère Jehan, était lui-même « pendu par son col à la justice de la ville » pour un crime dont il n'est pas resté trace. Son successeur, Jehan Bruneau, inaugura le pilori à Douai ; il fut chargé d'y mettre en 1494, un nommé Paul de la Bosquitelle, charlatan, qui se prétendait médecin et vendait des drogues qu'il composait lui-même. Pendant son ignominieuse exposition on lui brûla sous le nez ses soi-disant remèdes.

C'est également du temps de Jehan Bruneau qu'on revint à l'ancien usage de sonner la bancloque ou grosse cloche, pendant les exécutions à mort. Quelques années plus tard le magistrat, voulant mettre un frein à la licence désordonnée qui régnait parmi la jeunesse, inventa un tonneau de bois, ouvert par les deux bouts, que le bourreau passait aux condamnés comme une chemise, retenue aux épaules par une sorte de joug. Ainsi affublé, le coupable était promené de rue en rue et dans certains cas plus graves on lui administrait le fouet aux principaux carrefours et dans la cour des halles.

A Jehan Bruneau succédèrent Guillaume Girault, puis Etienne Noel qui restèrent peu de temps en charge ; ce dernier fut remplacé par Jehan Brunel, homme de mœurs équivoques, mais d'un naturel intrigant, qui parvint à se faire nommer concierge de la halle, poste moins avantageux en apparence, puisqu'il ne rapportait que 24 livres de fixe, mais en réalité d'un revenu assez élevé par les priviléges attachés à l'emploi, surtout par celui de tenir cabaret avec exemption de droits. Néanmoins l'ancien bourreau ne fit pas fortune ; soupçonné de maladie honteuse, il vit les échevins et les bourgeois s'éloigner de son débit, et fut quelques années aprés destitué de sa place, « pour ses démérites. »

Dans l'intervalle on avait nommé à l'office des hautes œuvres, maître Claude de Romond, ainsi qualifié ; celui-ci augmenta sensiblement ses appointements par la surveillance exacte qu'il exerçait sur les chiens errants, car c'était encore là une des attributions de son office. Il tuait impitoyablement tous les individus de la race canine qui avaient le malheur de tomber sous sa «batte» ;

il les écorchait à loisir dans sa maison du Barlet et vendait les peaux au gantier qui lui en donnait reçu. Muni de cette pièce, notre « tue kien » se présentait au receveur de la ville qui, après avoir vérifié la « taille » du gantier, payait à raison de quatre sols la douzaine, ce qui montait parfois assez haut. Ce fut aussi Claude de Romond qui, le premier, brûla les livres hérétiques devant le parvis et leur adjoignit un jour certain sectaire opiniâtre, d'autant plus coupable, aux yeux de la justice de ce temps-là que, chargé d'enseigner la vérité au peuple il avait essayé de l'entraîner dans l'erreur. Mais ce terrible supplice était fort rarement appliqué chez nous à l'hérésie ; on le réservait à la punition des crimes contre nature, suivant les prescriptions du Lévitique. La peine du feu était portée également contre la sorcellerie, mais dans la plupart des cas, on se contentait de brûler quelques étoupes sur la tête de la condamnée, car c'était toujours de femmes qu'il s'agissait, et de la bannir à perpétuité de la ville.

Après Claude de Romond, ce fut Claude Boullet qui prit possession de la maîtrise des hautes-œuvres; il débuta en 1544, par la pendaison d'une empoisonneuse, crime mentionné pour la première fois dans nos annales L'année suivante, on tarifa à deux sols par cheminée son salaire pour le ramonage ; non moins adroit que son prédécesseur, il parvenait à expédier chaque semaine trois ou quatre douzaines de chiens, ce qui donne une idée du nombre de ces animaux qui vagabondaient alors dans les rues. Ce même Claude Boullet fut chargé en 1547, de concert avec les wettes de nuit, d'enfouir vivante au Barlet, une nommée Jeanne de Brienne, femme de Thomas Chevalier, fondeur de cloches; les wettes reçurent 32 sols pour cette cruelle opération. Qu'avait pu faire cette malheureuse ? L'histoire ne le dit pas ; elle fut condamnée « pour ses démérites. » Si elle était convaincue d'adultère, comme c'est probable, il faut avouer qne la justice était bien moins sévère, pour ce genre de fautes, envers le sexe fort. En 1550, un Louis Ducroq, mari de trois femmes à la fois, est simplement fustigé devant la halle, puis mis à l'éhelle avec trois quenouilles.

Les hautes œuvres après avoir été un moment confiées à Jacques Baratre, après la mort de Boullet, furent adjugées en 1555 à Dominique Simon, qui dès l'année suivante, demanda une augmentation, menaçant de partir s'il n'était satisfait. On refusa d'élever ses appointements fixes, mais on lui accorda diverses gratifications, dont une pour l'abandon de son privilége sur les cheminées, et une autre pour l'enfouissement des «carognes qui encombraient la voie publique. Il avait d'autres remises encore ; ainsi pour avoir fouetté un méchant petit garçon, en halle close, il reçoit 10 sols.

Peu après cependant, par suite de la cherté croissante de la vie, tous les traitements ayant été augmentés, celui de l'exécuteur des hautes œuvres ne resta pas dans l'oubli. On le porta d'abord de 36 à 100 livres ; peut-être la difficulté de se procurer de bons sujets entrait-elle aussi pour quelque chose dans cette mesure, solennellement adoptée en conseil général des trente-six échevins. On voit en effet les « maîtres » se succéder rapidement jusqu'en 1573, époque à laquelle se présenta certain « officier » ayant exercé à Cambrai, nommé Pierre le Batteur, muni des meilleurs certificats y compris celui de son curé ; moyennant quoi il fut admis le 6 juillet, après avoir prêté serment.

En 1581 Adrien Jabelet son successeur est gagé à 192 livres par an, non compris 36 livres en compensation du droit qu'on lui enlevait de tenir brelan et table de jeu sur le Barlet pendant la foire de St-Remy et 24 livres pour le même droit pendant la foire de St-Pierre. De plus on lui payait à part les divers « debvoirs » de sa charge, spécialement la torture ou question qui apparaît alors dans chaque affaire criminelle ; ce qu'on appelait la « mise à l'examen » était taxé 5 livres, lesquelles représenteraient aujourd'hui 25 francs, joli denier pour l'examinateur. En 1586 la destruction des chiens errants qui avait été jusqu'alors payée à la pièce devint l'objet d'un supplément de gages fixé à 16 sols par semaine. Six ans après, une affaire criminelle très-grave, l'assassinat d'un bourgeois et de sa femme, donnait à un nouvel exécuteur, Roger Cavrois, l'occasion de montrer son savoir faire ; le coupable, après avoir été torturé trois fois, fut brûlé vif au Raquet où ses restes furent enfouis. Après chaque torture, une petite collation réunissait les échevins commissaires, le procureur et le greffier; mais au retour du supplice ce fut un vrai festin dont les frais se montèrent à 20 livres; de son côté l'exécuteur trinquait avec ses aides et le cheppier ou geôlier de la prison.

Cependant les bénéfices de la charge allaient toujours en s'accroissant : Jehan Baratte en 1591 avait 288 livres de gages fixes et quant au casuel la justice était loin de chômer ; mais l'homme est insatiable, Jehan Baratte le prouva bien. Non content de la dépouille ordinaire des gens qu'il exécutait il osa demander un jour au grand Conseil la permission de s'emparer des bagues et bijoux de ses victimes. Le grand Conseil, assez mécontent du pétitionnaire, parait-il, non-seulement lui refusa l'objet de sa demande, mais encore profita de l'occasion pour le rappeler à la pudeur, lui prescrivant de quitter la « garse » qu'il entretenait et de reprendre sa femme, à péril de châtiment. Maître Jehan, sans doute, ne se rendit pas aux ordres du Conseil, car moins d'un an après il était remplacé par Charles Basile, cordier de son état. La conduite de Baratte était d'ailleurs une exception parmi l'honorable corporation des bourreaux ; généralement les femmes de ces messieurs qu'on appelait les « bourrelles » vivaient en très-bonne intelligence avec eux et prenaient même part à leurs travaux. M. de Maistre aurait pu ajouter quelques lignes émouvantes à son admirable page, s'il avait lu, comme nous, certain procès-verbal de question où l'on voit le bourreau promener le fer rouge sur le dos d'un patient, pendant que sa femme le flagelle avec des courroies et recourir enfin, de concert avec sa tendre compagne aux moyens les plus extrêmes pour décider le misérable à parler.

Vers la fin du XVIe siècle, l'exécuteur des hautes œuvres fut chargé, outre ses fonctions ordinaires, du nettoyage, à certains jours, des rues de la ville et des remparts ; pour cette opération, faite la veille de la procession générale, il recevait 50 sols. L'usage s'introduisit aussi alors de lui payer « des vins » après sa première exécution ; c'est ainsi que Charles Basile fut gratifié extraordinairement de 8 livres, lorsqu'à son arrivée il débuta par brûler Françoise Pamelle, dite la veuve Dada, infortunée sorcière convaincue d'être allée au sabbat. C'est le moment d'ailleurs où abondent les supplices les plus variés, par suite de la multiplicité des crimes et de la rigueur impitoyable des juges ; on va jusqu'à ressusciter le percement de la langue que les échevins font infliger à un soldat en 1596 par l'exécuteur en charge, Vincent Waigon.

Malgré ses importantes occupations, on ne craignait pas de donner parfois au bourreau une besogne qui sentait fort les basses-œuvres : en 1605, s'appelant alors Denys Delaporte, on le voit en train d'enfouir quantité de chair de bœuf, « jugée par *esgards* indigne d'entrer au corps humain » ; en 1609 il reçoit 30 sols pour sa peine d'avoir échardonné les remparts. Mais, l'année suivante, laissant là chardons et mauvaises herbes, Maître Denys, pour se refaire la main, torture et met à mort dix sorcières à la file dont les squelettes sont attachés ensuite aux fourches patibulaires du Raquet.

Détournons un peu les yeux de ces horreurs pour raconter l'aventure plaisante de quatre bons paysans qui s'en retournant à Auby, un jour d'octobre de la même année, s'arrêtèrent sous la porte d'Ocre et n'eurent pas honte de profaner, on devine de quelle manière, ce lieu éminemment privilégié par les coutumes du temps. Malheureusement un passant les surprit et en termes vifs leur reprocha « leur infamie » ; nos gens voulurent répondre ; bientôt un attroupement se forma où ne tardèrent pas pleuvoir les injures et les coups. Devant un pareil tapage, la garde sort, on arrête les auteurs du désordre et on les conduit en prison. C'était déjà fort raisonnable pour un crime de ce genre, mais les échevins offensés dans leur dignité et celle de la ville ne l'entendaient pas ainsi. On ouvrit une enquête, on fit un procès et enfin après bien du temps on condamna les délinquants, outre une grosse amende, à se rendre devant la dite porte, sous la conduite des sergents à masse et de l'officier des hautes-œuvres et là « genoux fléchys, dire et déclarer qu'il leur déplait amèrement avoir fait leur ordure et nécessité sous la voulsure de la dite porte, d'en prier merci à Dieu et à justice » etc. Cette scène bouffonne inspira sans doute aux manants et villageois un respect salutaire pour la vénérable porte, objet de tant de sollicitude.

En 1622, l'office d'exécuteur étant occupé par Nicolas de Lannoy, on fit venir de Cambrai « l'officier » de cette ville pour procéder à l'exécution d'un nommé Jean Fouriez, convaincu de plusieurs crimes notables. A cette occasion le Magistrat offrit au fonctionnaire étranger deux « cannes » de vin pour sa bien venue ; cette largesse figure dans un seul article de dépense avec des présents du même genre au Père « visitateur » des Carmes et au Père provincial des capucins, également de passage en ville. Rapprochement dont ces derniers, s'ils l'avaient connu, se seraient trouvés sans doute médiocrement flattés !

Ce Nicolas de Lannoy devait être assez souvent empêché ; trois ans plus tard, en effet, M. de Lille vient à son tour prendre la place de son confrère de Douai, pour « trancher la teste par l'espée » à un nommé Jean Le Cherf. Comme, en raison de circonstances dont on n'a pas tenu note, l'opération ne put avoir lieu au jour indiqué, on paya à M. de Lille, pour ce retard imprévu qui le forçait à séjourner un jour de plus dans nos murs, la somme rondelette de dix florins ou douze francs et dix sols, le florin valant vingt-cinq sols. On n'y regardait pas de trop près, on le voit, quand il s'agissait des frais d'exécution ; on poussait même la générosité jusqu'à permettre aux condamnés de faire la veille de leur mort un repas plantureux en compagnie de leur confesseur. Ainsi en 1629, avant que Jean Legrou, bourreau en exercice, fit périr par la corde Roland Gambier et sa fille, un père Jésuite et un père Récollet furent chargés d'avertir ces malheureux la veille de leur mort. Le concierge de la halle, restaurateur officiel, servit de son côté aux quatre personnages un souper bien différent du maigre ordinaire de la prison. La dépense, « tant en vin, bière, cuisine et aultrement, » s'élève de ce chef à plus de 50 livres; il est vrai que messieurs les échevins commissaires s'attribuent après l'exécution précisément le double de cette somme.

La mort par la corde était fort usitée à cette époque ; elle avait remplacé des supplices beaucoup plus cruels, mais qui rapportaient davantage au bourreau lequel ne touchait que 12 livres pour une pendaison simple dont il fournissait les accessoires.

Les fustigations, en honneur autrefois, commençaient aussi à diminuer; l'Université, jalouse de ses priviléges, demandait aux échevins l'autorisation d'avoir un fouetteur à elle pour ses suppôts incorrigibles, d'où une perte sèche pour l'exécuteur commun. Jean Legrou était d'autant plus fondé à se plaindre que, par suite d'arrangements pris à son entrée en charge, il payait une pension au vieux Delannoy et le logeait en outre dans sa maison du Barlet. Ces conditions étaient dures : Jean Legrou dégoûté du métier ne tarda pas à céder sa place à Charles Clavier dont les gages reconnus insuffisants furent portés à 360 livres. Celui-ci eut pour successeur en 1640 Philippe Desmarets, puis vint Antoine Hébert et autres qui passent inaperçus et dont l'épée se rouille faute d'un emploi fréquent. Le conseil nomme en février 1660 aux fonctions des hautes œuvres, Jean Parent, dont le lieu de naissance est dit inconnu. Il est entendu que le nouvel « officier » n'aura aucun droit aux dépouilles des criminels ni aux « ustensiles servant aux exécutions » et qu'enfin il ne sortira pas de la ville pour « exercer » sans la permission du Magistrat. Ces diverses mesures avaient été prescrites pour remédier à de flagrants abus ; on emportait trop souvent le matériel que la ville devait renouveler. Dès l'arrivée du nouveau maître il fallut remettre en état les accessoires, acheter un glaive de la loi, en remettre deux autres à neuf et construire la machine à donner l'estrapade, genre de question nouvelle et en même temps de supplice infligé à titre de correction.

L'estrapade, torture cruelle importée d'Italie, variait dans son application suivant les circonstances. Quelquefois on liait les pieds et les mains du patient derrière son dos ; on le hissait au moyen d'une poulie et on le laissait tomber jusqu'à trois pieds de terre de manière que ses bras et ses jambes éprouvassent de grandes douleurs par le poids de son corps. Mais quand on se contentait d'attacher derrière le dos les mains du malheureux pour le faire tomber sur ses pieds, alors les souffrances étaient atroces, le poids du corps faisait revenir les bras en avant et les épaules se trouvaient démises Telles étaient les gentillesses que Jean Parent, expert en son art, venait substituer aux vieilleries espagnoles depuis trop longtemps en usage. La conquête française de 1667, parmi bien d'autres nouveautés, introduisit aussi chez nous, en remplacement du « collier de vérité, » la question des brodequins, planchettes entourées de cordes dont on serrait les pieds à les disloquer et le supplice de la roue qui fut surtout en faveur au dix-huitième siècle et dont nous reparlerons.

Jean Parent étant décédé en 1669, le Magistrat choisit pour lui succéder Alexandre Lamelin, de Lille, auquel on donna 48 livres pour le transport de ses meubles et hardes à Douai. C'est lui qui brûla au Raquet la dernière et peut-être la plus célèbre des sorcières exécutées à Douai. Le souvenir de Marie Fournez, dite Marie à Porion, vit encore en effet dans la mémoire du peuple qui connaît par tradition « le trou de Marie à Porion », cachot souterrain qui subsiste toujours à côté du Beffroi. Le procès instruit par Eustache de Wavrechin à la charge de cette infortunée dura longtemps et coûta cher à la ville ; deux médecins examinèrent son corps pour voir s'il portait quelque marque diabolique, le bourreau la tortura deux fois pour lui arracher des aveux. Enfin convaincue, d'après la sentence, du crime de sortilège, elle fut condamnée par les échevins à la peine du feu et conduite au bûcher entre deux pères récollets qui l'exhortaient à bien mourir. Cela se passait en 1678, peu de temps après l'entrée solennelle du roi Louis XIV, dont un édit plein de sagesse ne tarda pas à mettre fin aux procès de sorcellerie.

Nous voici arrivés, après quelques obscurs titulaires, tels que Georges Perelle et autres à la célèbre dynastie d'exécuteurs qui a tenu jusqu'au dernier moment à Douai cet emploi devenu héréditaire dans la famille. C'est en 1697 qu'apparaît le premier Demette, Adrien Demette, dont le descendant occupait naguère encore au Barlet la traditionnelle maison du bourreau. Ce patriarche, qui n'a rien de pastoral, débute par pendre en effigie deux individus qui, s'étant dérobés à la justice, avaient été condamnés par contumace. L'année suivante il promène par les rues deux filles de mauvaise vie habillées du tonneau précédemment décrit ; plus tard il attache au poteau d'infamie des tableaux de bannissement. Nous devons aller jusqu'en mai 1735 pour trouver une exécution qui en vaille la peine. La cour de Parlement ayant condamné à être rompu vif un homme qui avait assommé une fille à coups de bâton demanda aux échevins la permission de faire sonner la grosse cloche pendant la durée du supplice, ce qui fut gracieusement accordé. On fut témoin ce jour là, de cette scène affreuse si éloquemment décrite par M. de Maistre : « Le bourreau saisit le criminel, il le lie sur une croix horizontale, il lève le bras : alors il se fait un silence horrible et l'on n'entend plus que le cri des os qui éclatent sous la barre et les hurlements de la victime. Il la détache ; il la porte sur une roue : les membres fracassés s'enlacent dans les rayons ; la tête pend, les cheveux se hérissent et la bouche ouverte comme une fournaise, n'envoie plus par intervalles qu'un petit nombre de paroles sanglantes qui appellent la mort. » Tel était, avant la Révolution, le supplice de la roue appliqué aux parricides, aux assassins, aux empoisonneurs, etc. Cette épouvantable besogne était payée à l'exécuteur des hautes-œuvres, suivant le tarif du Parlement qui portait textuellement ceci :

Pour trancher la tête, 30 livres.
Pour brûler, 30 livres.
Pour jeter les cendres au vent, 6 livres.
Pour rompre, 30 livres.
Pour exposer sur la roue, 10 livres.
Pour pendre, 20 livres.
Pour percer la langue, 10 livres.
Pour couper le poing, 10 livres.
Pour le fouet, 8 livres.
Pour la flétrissure, 6 livres.
Pour l'amende honorable, 3 livres.
Pour appliquer à la question, 10 livres.

Toutes ces indications n'étaient pas lettre morte, loin de là. En 1738 Pierre Demette brûlait encore sur le marché deux misérables condamnés comme faux monnayeurs ; depuis longtemps on ne les bouillait plus, on se contentait de les jeter au bûcher. Dans le cours des années suivantes on le voit en train de fustiger, de marquer, de pendre, etc. Toutes ces opérations ne l'enrichissaient guère cependant, ses réclamations en font foi ; on lui contestait jusqu'à son droit de prélibation dans les marchés qui donnait lieu parfois à des scènes de désordre ; un tel privilège n'était plus dans les mœurs, on finit par le supprimer complètement en 1759 ; pour dédommager l'officier des hautes œuvres on le gratifia de 28 florins 16 patars par an. Quelques années plus tard, en 1766, on remplaça également par une indemnité de 90 florins le droit qu'avait eu de tout temps l'exécuteur sur les vidanges ou basses œuvres.

Ainsi disparaissaient peu à peu les vieilles coutumes du moyen-âge ; les supplices eux-mêmes n'allaient pas tarder à faire place au mode uniforme et expéditif emprunté à l'Italie par le docteur Guillotin. La dernière exécution remarquable fut celle d'un sacrilège qui, en 1770, eut le poing coupé, fut pendu, dépendu et jeté au feu.

Au moment de la Révolution c'est un enfant qui était investi à Douai des terribles fonctions dont la Terreur n'allait pas faire une sinécure. Par suite du décès du vieux Pierre Demette et à la requête de sa veuve, les échevins nommaient pour lui succéder, le 26 septembre 1789, François-Joseph Demette, son fils, âgé de dix-sept ans, à la condition expresse que Nicolas Vermeille, oncle du titulaire et bourreau de Cambrai, ferait gratuitement, suivant ses offres, le service de Douai jusqu'à ce que son neveu eût la force et la capacité nécessaires. Les gages du jeune exécuteur étaient fixés à 400 florins qui devaient jusqu'à nouvel ordre, être remis à la veuve Demette.

Ces arrangements ne devaient pas être de bien longue durée : la Convention nationale en 1793, établit un exécuteur par département : Douai étant à cette époque chef-lieu du Nord, Demette fut maintenu dans ses fonctions qui dès lors ne relevèrent que de l'Etat. La peine de mort ne fut guère appliquée dans nos murs pendant la Révolution, on cite à peine huit émigrés exécutés en l'an II, mais à Arras, à Cambrai et même pendant un moment à Valenciennes, la guillotine fut à l'ordre du jour, le bourreau ne se reposait pas. Heureusement cette mise en coupe réglée de toutes les têtes françaises s'arrêta spontanément avec la chûte de Robespierre. L'exécuteur lui-même était harassé, on lui procura des loisirs.

A l'organisation des cours impériales en 1810, on établit près de chacune d'elles un agent chargé de l'exécution de ses jugements en matière criminelle ; François Demette obtint naturellement ce poste assez bien rétribué. Plus tard on lui adjoignitt comme aide un de ses cousins et il eut lui-même son fils comme successeur. Rien ne semblait menacer l'avenir de cette famille vouée au service de la Justice quand parut une ordonnance royale du 7 octobre 1832 qui réduisait de moitié par extinction le nombre des exécuteurs et supprimait les aides dans la plupart des départements. Cette première mesure, basée sur la diminution progressive du nombre des condamnations capitales, semblait en présager une autre qui pendant quarante ans demeura suspendue sur la tête des intéressés. Il fallut l'avènement de la République pour amener cette modification radicale prévue depuis longtemps : le 15 novembre 1870 la délégation de Tours décrétait la suppression en masse de tous les exécuteurs de France et de leurs aides et les remplaçait par un seul officier des hautes œuvres dont la résidence était fixée à Paris.

Soustrait depuis longtemps à l'autorité municipale, l'office du Bourreau de Douai cessait dès lors d'exister ; espérons que jamais on ne le rétablira.

Imprimerie A. Duramou, rue St-Jacques, 69 à Douai.

www.ingramcontent.com/pod-product-compliance
Lightning Source LLC
LaVergne TN
LVHW052031160826
845678LV00003B/1288

* 9 7 8 2 3 2 9 6 3 6 3 2 0 *